SUR LA DIFFÉRENCE

DE LA CONSTITUTION FRANÇAISE

ET DE LA CONSTITUTION ANGLAISE.

Par M. CÉSAR-GUILLAUME DE LA LUZERNE,

Ancien Évêque de Langres.

A PARIS,

Chez J. J. BLAISE, Libraire de S. A. S. Madame la Duchesse douairière d'Orléans, quai des Augustins, N°. 61, près le Pont-neuf.

1815.

SUR LA DIFFÉRENCE

DE LA CONSTITUTION FRANÇAISE

ET DE LA CONSTITUTION ANGLAISE.

Beaucoup de personnes pensent qu'il seroit utile de transporter en France la forme de gouvernement qui régit l'Angleterre. Plusieurs même prétendent trouver la Constitution anglaise dans la Charte donnée par le Roi à son peuple en 1814. Ce sont ces idées que je crois, non-seulement fausses dans la spéculation, mais très-dangereuses dans la pratique, et que j'entreprends de combattre.

Je conviens cependant sans difficulté que la Constitution de l'Angleterre est très bien adaptée à la nature de ce pays. Admirateur, comme ceux que je réfute, de cette Constitution, dans son rapport avec la Nation qu'elle régit, je reconnois qu'elle y produit les effets les plus avantageux : et je la regarde, dans sa généralité, comme l'ouvrage le plus parfait en ce genre, que des hommes aient pu faire ; mais je soutiens, et j'entreprends de prouver que cette Constitution n'est nullement convenable à la France, et que, si elle y étoit admise, elle engendreroit les plus grands maux.

Je dis d'abord qu'en général : c'est une manière vicieuse de raisonner que de conclure, de l'utilité d'une Constitution pour tel pays, qu'elle seroit pareillement utile à tel autre. On a dit sur cela, que les Romains s'étoient honorés d'aller demander des loix à la Grèce. Le fait est vrai ; l'application n'est pas juste. Les lois que Rome emprunta des Grecs étoient des lois civiles, et non une loi constitutionnelle. La Constitution de la république romaine n'en fut, ni changée, ni même aucunement altérée. Qu'une nation introduise dans sa législation celles des lois des autres natious qui règlent les droits et les devoirs des citoyens entre eux, l'ordre et le maintien des propriétés, la punition des délits : j'en conçois l'utilité. Enrichissons notre code civil et criminel de toutes les lois bonnes et sages qui sont en Angleterre, en Espagne, en Italie, en Allemagne. Appliquons-nous-les, non par enthousiasme pour aucun de ces pays, mais parce qu'en elles-mêmes elles sont bonnes et sages. Puisons dans les legislations étrangères des exemples : ne nous en faisons pas des modèles. Dans le fait, les lois civiles et criminelles peuvent être à-peu-près les mêmes dans les différens Etats.

Mais il en est tout autrement de la loi constitutionnelle. J'ai peine à croire que, dans les siècles auciens, et dans les temps modernes ; on trouvât deux Etats qui aient eu la même Constitution. J'en excepte le despotisme absolu, et la démocratie pure ; la raison en est simple : c'est que la Constitution d'un Etat tient à une quantité de circonstances, lesquelles, variant dans les diverses nations, exigent impérieusement des variations dans la forme de leur gouvernament.

Deux choses me paroissent certaines, et je vais tâcher de les prouver. Notre Constitution n'est pas la même que celle de l'Angleterre : elle ne doit pas l'être.

Une première différence entre les deux est dans leur formatiou. Celle d'Angleterre s'est établie successivement et par dégrés ; et aussi, successivement et par degrés, les lois sur lesquelles elle est fondée se trouvent, dans l'état actuel, modifiées, interprétées étendues par des usages qui ont acquis, avec le temps, force de loi. Notre Constitution est toute entière renfermée dans la Chárte de 1814, à laquelle il n'est permis, qu'aux trois parties réunies dont elle compose pouvoir législatif, de faire aucune addition, diminution, dérogation. Toute application de la Constitution anglaise à la notre doit donc être rejettée ; car, ou les lois et les contumes de la Constitution d'Angleterre que l'on allègue sont conformes à notre Charte, ou elles y sont contraires, ou elles ne sont, ni tout-à-fait contraires, ni absolument conformes. Dans le premier cas la citation est inutile ; dans le second elle est vicieuse ; dans le troisième elle est dangereuse. Nous devons nous en tenir strictement et servilement à la lettre de notre Charte.

Par cette Charte, le Roi a donné à son peuple une Constitution, c'est-à-dire qu'il a constitué les trois pouvoirs dont se compose tout Gouvernement; le législatif, le judiciaire, l'administratif. Il a partagé le pouvoir législateur qu'il possédoit seul, et a fait entrer en part de la législation, deux Chambres qu'il a créées. Il a conféré le pouvoir judiciaire à des tribunaux, dont les membres, institués par lui, sont inamovibles; et dans certains cas seulement à la Cour des Pairs. Mais, quant au pouvoir administratif, autrement dit exécutif, le Roi se l'est réservé entièrement et exclusivement. *Au Roi seul appartient la puissance exécutive :* tel est le texte formel de la Charte, article XIII. Les Chambres n'ont donc pas le droit de s'immiscer dans l'administration du Roi directement ou indirectement, sous quelque prétexte et de quelque manière que ce soit. Elles ne peuvent pas plus s'occuper des actes de l'administration faits par l'autorité souveraine du Roi, qu'elles né peuvent discuter les jugemens rendus par les tribunaux. Ce sont deux ordres de choses étrangers aux attributions des Chambres.

Et c'est là, c'est sur l'administration qu'est le point principal et le plus essentiel de la différence entre la Constitution de la France et celle de l'Angleterre. En Angleterre, soit d'après des lois, soit en vertu de l'usage, le Parlement s'occupe des objets de l'administration; il les soumet à son examen; discute le mérite ou le démérite, les avantages ou les inconvéniens des traités de paix, des alliances; de la direction donnée aux forces nationales, des divers actes du Gouvernement. Un parti censure, le parti contraire approuve les ministres; et, selon que l'un ou l'autre parti domine, les ministres sont quelquefois déplacés ou maintenus. Parmi nous il en est autrement. La loi constitutionnelle attribuant au Roi seul la totalité de l'administration; il n'appartient ni à une Chambre ni à l'autre de la soumettre à son examen; elles ne doivent ni la critiquer, ni lui applaudir. Telle est la loi de la France : il est donc nécessaire de s'y tenir; le texte de notre loi repousse toute comparaison à cet égard avec l'Angleterre.

Et j'ajoute que, quelque utile qu'on juge l'usage de

i'Angleterre, sur ce point par rapport à cette Nation, notre loi de France est très-sage pour nous; et que les circonstances différentes dans lesquelles se trouvent les deux Nations exigent une grande différence entre leurs Constitutions, spécialement en ce qui concerne le pouvoir administratif.

La Constitution d'un Etat doit nécessairement être attempérée,

A la grandeur de l'Etat;

A sa position physique;

A ses relations avec les puissances étrangères;

A sa population;

Au génie, au caractère, aux habitudes de ses habitans;

A la nature de ses forces.

Que quelques-unes de ces circonstances soient différentes dans deux Nations, elles entraînent, par la force de la chose, des différences dans leur Constitution; et c'est ce qui fait, comme je le disois, qu'on trouveroit difficilement dans l'histoire, deux Nations régies par la même Constitution.

De ces principes, qui, je crois, dans leur généralité, seront difficilement contestés, passons à leur application; et, d'après leurs conséquences et les faits, comparons les Constitutions de l'Angleterre et de la France.

La France est beaucoup plus étendue que l'Angleterre. La population de l'Angleterre se monte, dit-on, à quinze millons d'hommes. Celle de la France, d'après les derniers récensements, est au moins de trente millions. Il résulte de-là que le pouvoir exécutif ou administratif doit avoir une plus grande force, une plus grande activité en France qu'en Angleterre. C'est une maxime établie par Montesquieu (Esprit des lois, liv. VIII chap. 16, 17, 19, 20), que la forme du gouvernement doit être relative à l'étendue de l'Etat; et il est naturel de penser, qu'en matière d'administration, la promptitude et la sûreté de l'exécution doivent suppléer la lenteur de l'arrivée du commandement, et prévenir les résistances qu'il pourroit éprouver. C'est par cette raison que les Etats excessivement étendus ont le malheur de devenir nécessairement soumis au despotisme.

Une autre cause reud encore nécassaire une énergie plus puissante du pouvoir administratif en France qu'en Angleterre. Isolée du continent et tranquille derrière ses flottes, l'Angleterre n'a point à craindre de voir son territoire attaqué par des puissances étrangères ; elle peut, par ses trésors, par la puissance qu'ils lui donnent, influer sur toute l'Europe : l'Europe entiére ne peut exercer aucune influence sur son intérieur. La France, au contraire, entourée de voisins puissans, presque toujours jaloux, quelquefois belliqueux, doit continuellement se tenir en garde contre des invasions. Elle doit toujours être en mesure de les repousser et même de les prévenir. Ce n'est souvent qu'en attaquant soi-même, qu'on se garantit des attaques et en portant la guerre sur les terres ennemies, qu'on évite de la voir pénétrer sur les siennes. Ainsi l'usage où est en Angleterre le pouvoir exécutif de présenter et de soumettre aux Chambres du Parlement les traités d'alliance et les projets de guerres; usage qui n'y a point de grands inconvéniens, seroit funeste transporté en France. L'ennemi pourroit être au cœur du Royaume, avant que pour l'en empêcher, les mesures légales eussent été prises; avant que les deux Chambres fussent assemblées; que les discussions successives de l'une et de l'autre fusseut terminées; que les oppositions suscitées peut-être par la corruption étrangère fussent levées. Il est donc en France d'une nécessité absolue, que le pouvoir dont le Roi s'est réservé l'exercice, par l'article XIV de sa Charte, de déclarer la guerre, de faire les traités de paix, d'alliance, de commerce, soit maintenu dans sa plénitude absolue, sans contradiction, sans dépendance, sans inspection, sans surveillance.

De cette position de la France dans l'Europe, il résulte qu'il lui est nécessaire d'avoir continuellement sur pied une armée très nombreuse. Il est pareillement nécessaire, non seulement d'après l'article XIV de la Charte, qui y est formel ; mais par la nature même de la chose, que cette armée soit aobsolument et passivement dépendante et obéissante à ses ordres. Si on la fait dépendre de quelqu'autre que du Roi, ce sera cet autre qui sera Roi. Si on lui permet de délibérer sur les cas où elle doit obéir, d'abord on anéantit sa discipline, ce n'est plus une armée ; ensuite on met sous son despotisme, le plus terrible de tous, le Roi, la Nation, la Constitution : on fait des soldats françois les Gardes Prétoriennes, les Janissaires, les Strélitz. Or de cette nécessité qu'il existe parmi nous une armée très nombreuse, obéissant aveuglément aux ordres du Roi, résulte une autre différence essentielle entre la France et l'Angleterre. Dans ce pays il ne reste en temps de paix, sur pied, qu'un nombre très borné de troupes de terre; le nombre est tellement restreint, qu'aucun homme, quelque crédit qu'il eût sur l'armée, que le Roi même ne pourroit s'en servir pour renverser la Constitution. Mais en France, le Roi maître de deux ou trois cent mille hommes, un Roi surtout qui seroit doué de talens militaires, et qui, par des succès à la guerre auroit acquis l'amour et la confiance de ses troupes, pourroit, si on lui en donnoit l'intérêt, détruire avec la plus grande facilité tout l'édifice de la constitution. Il est donc essentiel de ne point lui donner se dangereux intérêt. Il est essentiel que les deux Chambres, le tenant religieusement circonscrites dans les pouvoirs et ps fonctions que le Roi leur a conférés par sa Charte, respectent constamment l'autorité administrative que le Roi t'est réservée; qu'elles se gardent de s'y immiscer, de prétendre la surveiller et s'en faire rendre compte. En Angleserre on harcelle, on attaque le pouvoir exècutif, soit avec, toit sans succès, mais toujours sans danger pour la Constitution, parceque le pouvoir excutif n'a pas une force de résistance et est réduit à la force de persuasion. Il en seroit tout autrement en France dans une lutte entre des Chambres qui n'auront que la voie de réclamation, et le pouvoir excutif muni d'une puissante force coactive.

Je dis que les Chambres n'auront qu'un pouvoir de réclamation ; on m'objectera sans doute qu'elles resteront toujours armées du terrible pouvoir d'accorder ou de refuser les impôts : pouvoir qui, en Angleterre, a eu la force de réduire successivement et par degrés, l'autorité dont jouissoit le Roi, à n'être plus que la prérogative royale.

Il arrivera peut-être dans la suite des temps, et je le crains vivement, le jour ou, soit les deux Chambres, soit l'une d'elles, voudront abuser du droit que leur accorde la Charte, de consentir ou de refuser les impôts, pour abaisser, resserrer, s'assujetir, comme en Angleterre, le pouvoir administratif du Roi. Quel sera le résultat de ce choc entre les Chambres, qui auront pu attirer à elles le vœu national, et le Roi qui sera soutenu d'une nombreuse armée ? Il est bien difficile de le prévoir, mais ce que l'on peut assurer d'avance; c'est que de quelque côté que soit le succès, l'effet sera funeste pour la Nation.

La différence entre les deux peuples doit aussi en mettre entre leurs Constitutions. L'Anglois flegmatique, réfléchi, a pour les institutions existantes un respect religieux, qu'on pourroit croire quelquefois poussé jusqu'à la superstition. Ainsi dans ce pays le gouvernement suit constamment la même marche, par la seule raison qu'il l'a suivie précédemment. Les lois, les principes, les usages continuent toujours d'exister, parcequ'ils existent. Nous n'avons pas cet avantage; le François naturellement bouillant, vif, léger, et par toutes ces inclinations porté au changement, a besoin d'une administration ferme, qui comprime sa pétulance, dirige sa vivacité, fixe sa légereté, et contienne dans les bornes de la réflexion et de la sagesse son amour de l'innovation.

Je remarquerai encore un autre motif de différence entre les deux Constitutions. Le Gouvernement Anglais a de puissans moyens d'influencer la Chambre des Communes; d'abord, la forme des élections donne au Roi des facilités pour faire tomber le choix sur des personnes qui lui soient agréables. Il lui suffit de s'attacher quelques grands seigneurs qui ont dans leurs terres une grande prépondérance, et disposent de beaucoup de suffrages. Ensuite la corruption par argent, par honneurs, par emplois, laquelle, comme disent les publicistes anglois, est un des ingrédiens nécessaires de leur Constitution, procure au Gouvernement beaucoup de voix dans la Chambre. Je suis bien éloigné de blamer cette influence; je la crois souverainement utile pour servir de contrepoids à la facilité de censurer et de combattre tous les actes du pouvoir exécutif; mais de ces deux moyens d'influencer la Chambre des Députés, notre Roi n'a pas l'un et ne doit pas se donner l'autre. La forme dés élections dans les départemens est plus régulière et laisse toute indépendance, et si le Roi employoit, vis à vis des Députés, des moyens de corruption, ce ne seroit pas eux seuls qu'il corromperoit, ce seroit la Nation entière qu'il pervertiroit, ce seroit l'honneur françois qu'il dégraderoit : on acheteroit dans les départemens ce qu'on viendroit vendre à Paris.

Après avoir établi les principes qui doivent différencier la Constitution Françoise de l'Anglaise, il est juste d'éxaminer les motifs allégués par ceux qui veulent les assimiler l'une à l'autre.

En Angleterre, dit-on, la puissance exécutive ou administrative est aussi par la Constitution attribuée au Roi. Le respect même pour la majesté royale y est porté à un degré où il est désirable qu'il s'élève en France. La loi recounoît non seulement que le Roi est inviolable, elle le regarde encore comme infaillible. On tient que le Roi ne peut pas se tromper : ce sout ses Ministres qui sont sujets à erreur. On se garde bien d'imputer au Roi, la profonde vénération dont on est pénétré pour sa majesté ne permet pas de lui attribuer les erreurs, les torts, les fautes que l'on trouve dans l'Administration ; c'est, non sur lui, mais sur ses Ministres que tombe le blâme, c'est à eux seuls qu'on demande compte ; ce sont eux seuls qu'on censure, qu'on attaque. En France, ajoute-t-on, le même respect que l'on doit au Roi, que l'on a pour lui, doit produire le même effet. Ce sont des Ministres seuls dont il doit être parlé dans les discussionss faites par les Chambres ; la personne du Roi ne doit pas y être mêlée ; son nom ne doit pas même y être prononcé. C'est son Ministre seul que l'on peut combattre ; c'est l'administration de ses Ministres qu'on a droit de critiquer, de blâmer, d'accuser. C'est sur eux seuls que porte la responsabilité des actes administratifs.

Ainsi on s'arme d'un faux respect envers la majesté du Roi, pour tuer l'autorité du Roi ; on le fait disparoître de son admininistration, pour se donner le droit de le juger ; on le cache derrière ses Ministres, pour attaquer plus librement les actes d'administration qu'il fait exercer, ou plutôt que lui même exerce par ses Ministres.

Le Roi infaillible ! Si c'étoit sérieusement qu'on produisit une pareille idée, ce seroit la plus vile des adulations. L'infaillibilité n'appartient qu'à Dieu, et à ceux à qui il la communique par ses inspirations. Dans tous les siècles de la Monarchie, dans les temps où l'autorité royale étoit le plus profondément respectée, le plus absolument obéie ; lorsque le principe étoit *Si veut le Roi, si veut la loi* ; lorsque nos Rois dictoient leurs lois de leur pleine puissance ; toute science et autorité royale, ils ordonnoient aux Parlemens de leur adresser des remontrances sur ce que ces lois pouvoient contenir de défectueux. Et combien n'a-t-on pas vu de lois modifiées, corrigées, quelquefois retirées, d'après les représentations des Conrs ! Et Louis XVIII lui-même, en associant deux Chambres à son pouvoir législatif, n'a t'il pas reconnu qu'il est homme, et par conséquent sujet à se tromper. Plus par ses continuelles études, depuis les jours de son enfance, il a agrandi le cercle de ses connoissances, plus par ses profondes méditations et sa longue expérience, il a étendu ses lumières, mieux il en sent et en connoît la borne.

Mais non ; dira-t-on, cette infaillibilité du Roi est une fiction de droit, dont l'objet est de conserver dans toute sa plénitude cette majesté royale, si nécessaire à maintenir revêtue de tout son éclat, et d'empêcher que le nom sacré du Roi soit compromis dans des discussions. Jo réponds que cette fiction est d'abord inutile, ensuite dangereuse. Le nom du Roi étoit il compromis, sa majesté étoit-elle ternie par les discussions qui avoient lieu dans les Cours, sur les lois qu'il leur adressoit ? La Majesté Royale est à une trop haute élévation, pour être atteinte par ces futiles considérations. Elle n'a rien à craindre des contradictions qu'elle permet qu'on élève sur les lois qu'elle propose. Mais il faut voir ou tend cette fiction, quel en est l'objet, quel en sera l'effet. On ne peut passe le dissimuler : le but auquel on tend est de placer l'Administration dans la main des Ministres, et pour cela d'y rendre le Roi étranger. Le but ultérieur est, conformément à l'usage de l'Angleterre, de soumettre à l'inspection, à la censure, au jugement des Chambres, tous les détails de l'Administration, devenue celle des Ministres : ce que l'on n'oseroit pas faire sur l'Administration attribuée au Roi, dont on craindroit d'attaquer l'inviolabilité.

Revenons donc au point de la question et demandons, que sont les Ministres dans l'Etat ? Ce sont des hommes revêtus par le Roi de fonctions ; ces fonctions sont très honorables sans doute, et très avantageuses ; la preuve en est qu'elles sont l'objet de beaucoup d'ambitions. Les uns attaquent le Ministère pour le renverser et se mettre à sa place ; les autres lui font la cour pour obtenir par son crédit de lui être associés ; mais enfin, quelque relevé que soit l'état des Ministres, ils ne sont que les hommes du Roi. Dans leurs départemens, ils exécutent ce que le Roi leur a ordonné ; ils agissent comme il veut et parcequ'il veut. Ils lui doivent compte de tous les actes de l'Administration qu'il leur a confiée ; ils ne le doivent qu'à lui, parce qu'à lui seul appartient toute la puissance administrative. Le Roi sans doute ne peut pas régir immédiatement et par lui-même, la vaste étendue de son Royaume, et la multiplicité si variée des affaires qui s'y élèvent : et par cette raison, il est forcé, pour les régir, d'employer des Ministres ; mais c'est immédiattement et par lui-même, qu'il régit ses Ministres. Dans le Conseil, les Ministres ne font que présenter au Roi des avis, de simples avis dont le Roi est le juge suprême ; qu'il est libre d'adopter, de rejeter, de modifier selon sa sagesse. Il peut introduire dans ses Conseils d'autres que ceux qu'il y admet ordinairement. Il peut les composer de telles personnes et dans telles formes qu'il lui plait. Tout ce qui sort du Conseil du Roi est donc l'œuvre du Roi lui-même, et non de ses Ministres. C'est l'œuvre du Roi, parcequ'en l'adoptant il se l'est approprié. Ce n'est l'œuvre d'aucun de ses Ministres, parceque celui ou ceux à qui on voudroit l'attribuer n'y ont eu qu'une part incertaine, peut-être très légère, peut-être nulle.

On prétend qu'il ne faut jamais prononcer le nom du Roi dans les discussions des Chambres. Mais comment peut-on faire un tort à des hommes qui ont juré d'être soumis à la Charte, de parler comme la Charte. Partout la Charte nomme le Roi. Les articles XIII, XIV, XVI, portent textuellement que c'est le Roi qui possède la puissance co-active qui fait la paix et la guerre, qui propose les lois. Dans tout cela les Ministres ne sont pour rien. Certes, le langage le plus constitutionnel parmi nous est celui de notre Loi Constitutionnelle. Qu'en Angleterre, d'après la loi ou l'usage, la manière de s'exprimer doive être différente; qu'il y soit défendu de prononcer le nom du Roi dans les discussions parlementaires, cela est indifférent à la France, qui possède une loi différente. Au reste, si parmi les débats qui s'élèvent dans nos deux Chambres, sur une loi proposée par le Roi, ceux des membres qui croyent devoir en contredire quelques dispositions, s'abstiennent de proférer le nom du Roi, et attribuent ce qu'ils jugent de défectueux à ses Ministres. Loin de les improuver, je les loue de cette marque de respect ; mais je dis d'abord, qu'il ne faut pas en faire une loi ; ensuite qu'il seroit dangereux de conclure, d'une manière de s'exprimer plus respectueuse, que c'est des Ministres, et non du Roi, qu'émane la loi ; enfin qu'il faut se garder soigneusement de transporter aux actes de l'Administration, la censure que l'on fait des points de législation, sous le prétexte d'attribuer les uns comme les autres aux Ministres.

On propose un autre motif d'assimilation entre les Constitutions Françoise et Angloise, c'est que dans ces deux pays le Gouvernement est représentatif.

Quand d'une expression quelconque on veut tirer une conséquence, il faudroit déterminer avec précision le sens et l'étendue de cette expression : sans cela on risque de donner à la conséquence une extension plus grande que celle du principe et c'est ce qui arrive en ceci. Une Représentation peut être générale ou partielle : c'est à dire qu'on peut représenter un autre, soit dans la totalité, soit seulement dans une partie de ses pouvoirs ou de ses fonctions, La question qui se présente ici, consiste donc à savoir si en France il existe une Représentation universelle. En Angleterre, on tient que le Roi et les deux Chambres forment la Représentation Nationale. Et en effet, comme ces trois pouvoirs s'occupent de toutes les parties du Gouvernement, on peut dire que le Gouvernement Anglois est représentatif dans toute la l'étendue du mot : mais en France il en est tout autrement. Dans l'ancien régime, on reconnoissoit le Roi, lorsque les Etats Généraux n'étoient pas assemblés, comme le seul Représentant de la Nation. La veille du jour ou il a publié sa Charte, Louis XVIII l'étoit encore incontestablement. Par cette Charte il a associé à son pouvoir législatif, mais seulement à son pouvoir législatif, deux Chambres. Que l'on dise que quant à cet ordre législatif, les Chambres sont entrées en partage de la Représentation Nationale ; que sur la partie unique de la législation, le Gouvernement est devenu représentatif, je ne combatterai pas l'expression ainsi posititivement restreinte, quoiqu'elle pût être susceptible de difficulté. Mais de ce que le Roi a associé seulement à son pouvoir législatif, deux Chambres, que l'on veuille inférer généralement que le Gouvernement est devenu représentatif, c'est conclure du particulier au général : ce qui est contraire aux plus simples notions du raisonnement. En deux mots, la mesure de la représentation est celle de l'étendue du pouvoir. Des trois parties du Gouvernement, les Chambres n'ont de pouvoir que sur une seule, qui est la législation. Elles ne représentent donc pas la Nation sur les deux autres. Elles ne forment donc pas une Représentation universelle. Il n'est donc pas vrai que le Gouvernement François soit devenu véritablement, et dans la force du mot, représentatif, comme l'est le Gouvernement Anglois.

De l'Imprimerie de DOUBLET, rue Gît-le-cœur, n°. 7.